Ueber Gesetzeskonkurrenz

auf dem

Gebiete des Strafrechts.

Von

Dr. Otto Pflaum.

München.
J. Schweitzer Verlag (Jos. Eichbichler)
1898.

I. Allgemeines.

Das deutsche R.St.G.B. enthält in den §§ 73—79 besondere Grundsätze für die Behandlung einer Mehrzahl von Delikten, welche in derselben Person zur gemeinschaftlichen Erledigung zusammentreffen.

Diese Grundsätze sind verschieden, je nachdem eine und dieselbe Handlung mehrere Strafgesetze verletzt oder durch mehrere selbständige Handlungen mehrere Verbrechen oder Vergehen begangen werden, also je nachdem es sich um ein ideales-formales oder reales-materiales Zusammentreffen handelt.

§ 74 St.G.B. stellt dem Fall, dass durch mehrere selbständige Handlungen mehrere Verbrechen oder Vergehen begangen werden, jenen gleich, dass durch mehrere selbständige Handlungen dasselbe Verbrechen oder Vergehen nochmals begangen wird, statuiert also dieselbe strafrechtliche Behandlung für gleichartige wie für ungleichartige reale Konkurrenz.

Betreffs der gleichartigen idealen Konkurrenz fehlt jede Bestimmung in unserem Strafgesetzbuch. *Krug*, *Zachariae*, *Oppenhoff* und *Liszt* u. a. mehr verteidigen die Ansicht, dass solchen Falles die eine strafgesetzliche Bestimmung nur einmal zur Anwendung gebracht werden und von einer Idealkonkurrenz im Sinne des § 73 St.G.B. deshalb keine Rede sein könne, weil eben trotz der Mehrheit der Rechtsverletzungen die Handlung nur gegen ein und dasselbe Strafgesetz verstösst. — *Buri* (Einheit und Mehrheit der Verbrechen) nimmt wegen der Mehrheit der Kausalitäten mehrere Handlungen und darum Realkonkurrenz an, eine Ansicht, die mir schon um deswillen unhaltbar scheint, weil man bei einer Tötung mehrerer Personen durch einen Schuss, einer Beleidigung mehrerer Menschen durch ein Wort doch nicht wegen der Mehrheit der Erfolge von mehreren selbständigen Handlungen sprechen kann.

Die herrschende Lehre, zu deren Anhängern in dieser Hinsicht vorzüglich *Berner*, *Hälschner*, *Meyer*, *Frank* und *Olshausen* gehören, hält es ausser Zweifel, dass auch die Fälle der gleichartigen Idealkonkurrenz nach § 73 zu beurteilen sind und hat durch die Entscheidung des Reichsgerichts (E. II S. 255) Bestätigung erfahren.

Wenn *Habermaas* (Die ideale Konkurrenz der Delikte S. 79) darin, dass das Absorptionsprinzip bei der gleichartigen idealen Konkurrenz zu den grössten Unbilligkeiten führen kann, einen Grund erblickt, dass die gleiche Behandlung der beiden Arten der Idealkonkurrenz nicht die einfache Konsequenz des § 73 ist, so ist ihm meines Ermessens nur zu erwidern, dass diese Betrachtung zwar reiflicher Ueberlegung für eine lex ferenda würdig ist, — auch bezüglich der ungleichartigen Idealkonkurrenz ist die Anwendung des Absorptionsprinzipes lebhaft bestritten — den gesetzlichen Bestimmungen aber keinen Abbruch zu thun vermag.

§ 73 St.G.B. macht keinen Unterschied, ob die durch „mehrere Strafgesetze" vorgesehene Handlung unter einen oder verschiedene „Verbrechensbegriffe" fällt. Nach Auffassung des Gesetzgebers deckt sich vielmehr die Verletzung mehrerer Strafgesetze mit dem Begriffe „Verbrechensmehrheit", diejenige eines einzigen mit „Verbrecheneinheit", wie solches *Olshausen* (A. 11 zu § 73) sehr richtig schon aus der Ueberschrift des fünften Abschnittes des ersten Teiles des Strafgesetzbuches folgert. Man würde dem Gesetzgeber Unrecht thun, wollte man annehmen, dass er bei Gegenüberstellung der Hauptfälle des Zusammentreffens strafbarer Handlungen zwar — wie nicht zweifelhaft sein kann — in § 74, nicht aber in § 73 eine Mehrheit strafbarer Handlungen im Auge hatte.

So untergeordneter Natur für den erkennenden Richter auch die Entscheidung der Frage ist, ob § 73 Verbrechenseinheit oder Verbrechensmehrheit voraussetzt und so richtig uns auch der letztere Standpunkt im Hinblick auf die offenbare Absicht des Gesetzgebers scheint, knüpft sich doch ein hochinteressanter, noch lange nicht ausgefochtener wissenschaftlicher Streit an die beiden genannten Begriffe.

Man hat die Frage aufgeworfen, ob überhaupt durch eine Handlung mehrere Verbrechen begangen werden können. Geht man allerdings von dem Satze aus, dass das Verbrechen Handlung sei, dann erscheint es nur konsequent den Begriff der Idealkonkurrenz als Verbrechenskonkurrenz ganz zu leugnen und die hieher gehörigen Fälle unter dem Gesichtspunkte einer Gesetzeskonkurrenz zu betrachten. (So *Liszt* § 57, *Heinemann*: Die Lehre von der Idealkonkurrenz, *Hiller* G. S. 32).

Die Ursache dieser unzutreffenden Ansicht scheint mir eben in der falschen Prämisse zu liegen. „Handlung" heisst nicht „strafbare Handlung" und ist nichts weiter als gewollte Körperthätigkeit. Kann man aber eine Thätigkeit als Mittel zu mehreren Zwecken wollen und anwenden, so kann man dies auch zu mehreren verbrecherischen Zwecken und es erklärt sich sehr einfach, wie durch eine Handlung mehrere Verbrechen begangen werden können.

Krug (Ueber die Konkurrenz der Verbrechen) und ebenso *Bünger* (Zeitschr. für die ges. St.-Wissensch. Bd. 8) will in dem Fall, dass durch eine Handlung mehrere Strafgesetze verletzt werden, ebenfalls keine „Mehrzahl von Verbrechen" anerkennen.

Sie sprechen von einer Mehrzahl von „rechtlichen Gesichtspunkten", unter welche das Verbrechen unter solchen Umständen gestellt werden könne.

Eine wirkliche Konkurrenz von Verbrechen erblicken sie nur darin, wenn mehrere verbrecherische Handlungen gleichzeitig zur Bestrafung vorliegen. Uns scheinen eben diese „rechtlichen Gesichtspunkte" den Verbrechensbegriff darzustellen.

Eine beachtenswerte Ansicht vertritt auch *Habermaas* in seiner oben schon angeführten Preisschrift (S. 2 ff.).

Nach ihm setzt die Verbrechenskonkurrenz eine Mehrheit verletzter Rechtsgüter voraus.

Wo durch eine Handlung nur ein Rechtsgut verletzt ist, ist auch nur ein Delikt vorhanden.

Wenn *Habermaas* im Litteraturbericht des 3. Bandes der Zeitschrift für Strafrechtswissenschaft der Vorwurf der Unklarheit deshalb gemacht wird, weil er eine Definition des Begriffes „Rechtsgut" unterlassen hat, so können wir dem nicht beistimmen. Er fasst den Begriff so auf, wie ihn *Binding* (Normen I. S. 193 ff.) in die Doktrin eingeführt hat. Im Gegenteil! Theoretisch können wir seinen Ausführungen nur beipflichten. Allein praktisch sind dieselben undurchführbar, nachdem der Begriff des idealen Zusammentreffens der Delikte nach dem deutschen St.G.B. offenbar ein viel weiterer ist als der von *Habermaas* aufgestellte, indem jener auch die Verletzung mehrerer Strafgesetze ohne mehrfache Rechtsgüterverletzung in sich schliesst.

Die herrschende Meinung, mit der auch die Judikatur des Reichsgerichts in Einklang zu stehen scheint, hält bei Verletzung mehrerer Strafgesetze durch eine und dieselbe Handlung eine Verbrechensmehrheit für gegeben. Ihr ist es ein „Verbrechen", wenn der gesetzliche Thatbestand eines Strafgesetzes erfüllt ist. Allerdings darf hier unter „Strafgesetz" nicht gerade „Paragraph des Strafgesetzbuches" verstanden werden. Es ist schon ein „Verbrechen" gegeben, wenn nur eine Strafsatzung verletzt ist, sodass wir uns sogar eine Verbrechenskonkurrenz als vorhanden vorstellen können, wenn zwei der gegebenen Alternativen, die sich in demselben Paragraphen finden, durch eine Handlung verletzt sind.

Noch eine zweite Frage — ausser derjenigen nach dem Vorliegen einer Verbrechensvielheit — gilt es, als zum richtigen Verständnis des § 73 StG.B. unerlässlich, zu erörtern. Wie lange nämlich können wir von „einer und derselben Handlung" sprechen? Wir gehen am besten von der Negative aus. Notwendige Voraussetzung für die Annahme mehrerer juristisch selbständiger Handlungen ist immer eine Mehrheit von natürlichen Thätigkeitsakten (cfr. R.G.E. 21 S. 64).

Das Gebiet der juristisch einheitlichen Handlung jedoch ist viel weiter als das der einheitlichen Körperbewegung.

Man behauptet vielfach, über die Einheit der Handlung entscheide allein die Absicht des Handelnden (so namentlich *Hälschner* Strafr. Bd. 1 S. 656 und ähnlich auch *Binding* Handb. I S. 535).

Die Unbrauchbarkeit lediglich dieses subjektiven Massstabes für die strafrechtliche Beurteilung ist von *v. Schwarze* (Zur Lehre vom fortgesetzten Verbrechen S. 22 ff.) und *Merkel* (Zur Lehre vom fortgesetzten Verbrechen S. 32 ff.) treffend nachgewiesen, auch in den Entscheidungen des Reichsgerichts (cfr. E. 4 S. 187, 10 S. 53) betont.

Nicht von der subjektiven Willkür des Handelnden allein hängt es ab eine Mehrheit von Delikten zu einem Delikt zusammenzufassen, sondern namentlich von den objektiven Momenten des verbrecherischen Thatbestandes. Denn nicht der Handelnde sondern das Recht bestimmt, was als eine Rechtsverletzung zu betrachten sei.

Wenn wir uns über das Wesen der Idealkonkurrenz weiter verbreitet haben, so geschah dies nicht zum mindesten deshalb, weil ihr von manchen der Charakter als Verbrechenskonkurrenz ganz abgesprochen und sie als Gesetzeskonkurrenz behandelt wird. Um unser Urteil in dieser Hinsicht zu präzisieren, ist es nötig zuvor auf den Begriff der Gesetzeskonkurrenz überhaupt des näheren einzugehen.

Handelt es sich bei der Idealkonkurrenz um disjunktive Kombination zweier oder mehrerer passender Strafgesetze als auf denselben Fall anwendbar, um mehrere „Verbrechen" in oben ausgeführtem Sinn, involviert durch eine und dieselbe Handlung: so handelt es sich bei der Gesetzeskonkurrenz um Anwendung entweder dieses oder jenes Strafgesetzes auf den Fragefall, um eine Verbrechenseinheit, hervorgerufen durch eine Handlung. Positiver ausgedrückt! Im Falle der Idealkonkurrenz handelt es sich um einen faktischen Thatbestand, dessen gesamte Merkmale nicht durch einen gesetzlichen Thatbestand erschöpft, sondern durch mehrere teilweise getroffen werden.

Bei der Gesetzeskonkurrenz wird der Thatbestand zwar auch durch einen gesetzlichen Thatbestand nur teilweise getroffen, durch einen anderen aber in allen seinen Einzelheiten gedeckt. Das solchen Falles den vorliegenden Thatbestand speziell betreffende Gesetz tritt, als hiefür vom Gesetzgeber besonders bestimmt, ausschliesslich in Wirksamkeit, gleichgültig ob dasselbe eine schwerere oder mildere Strafe androht wie jenes, das den faktischen Thatbestand nur zum Teil erschöpft (cfr. R.G.E. II S. 42, VII S. 116, IX S. 261, XVII S. 202, XVIII S. 193).

Mit dieser letzteren Behauptung haben wir uns schon zu denen in Widerspruch gestellt, die auch für die Fälle der Gesetzeskonkurrenz § 73 St.G.B. zur Anwendung bringen möchten. Es sind eben nicht „mehrere Strafgesetze verletzt" — die Strafdrohung des einen Gesetzes schliesst die des anderen aus und die Handlung verletzt nur das eine nicht ausgeschlossene Gesetz — und es treffen auch nicht „mehrere strafbare Handlungen zusammen."

Wenn *Bünger* in der Zeitschr. für die ges. Strafr.-Wissensch. Bd. 8 S. 686 ausführt, die sogen. Gesetzeskonkurrenz sei nicht einmal dieses, sondern gar keine Konkurrenz, sie infolgedessen eine „scheinbare" nennt, können wir uns diesen Ausführungen nur anschliessen. Die Bezeichnung „Gesetzeskonkurrenz" ist ebenso unzutreffend wie der Ausdruck „Kollision der Gesetze" für dic Grundsätze über das räumliche Geltungsgebiet der Gesetze.

Weniger geeignet will uns der namentlich von *Habermaas* verteidigte Ausdruck, „unechte Gesetzeskonkurrenz" zur Bezeichnung der Gesetzeskonkurrenz in unserem Sinne dünken.

Es soll dadurch ein Gegensatz zur „echten Gesetzeskonkurrenz" bezeichnet werden, welcher Name der ungleichartigen Idealkonkurrenz beizulegen wäre. Dies aber scheint uns deshalb gefährlich, weil damit ein historischer Name verloren ginge, ohne dass für die Idealkonkurrenz eine positive Bezeichnung als Verbrechenskonkurrenz — im Gegensatze zu blosser Gesetzeskonkurrenz — in die Wissenschaft eingeführt würde.

Damit kommen wir wieder zu der oben angedeuteten Streitfrage, ob die Idealkonkurrenz in der That nur eine Art von Gesetzeskonkurrenz ist. Hauptverfechter dieser Meinung sind *Liszt* (Lehrb. S. 241), *Ortloff* (Goltd. Archiv XXXII S. 395 ff.) und *Hiller* (Gerichtssaal XXXII S. 195).

Ziehen wir einmal die unerlässliche Konsequenz solcher Ansicht! Nachdem es sich um Gesetzeskonkurrenz handelt, kann nur e i n e s der verletzten Strafgesetze und zwar, da fragliche Gelehrte den Fall der Gesetzeskonkurrenz dem § 73 St.G.B. unterstellen, das die schwerste Strafe androhende Gesetz a l l e i n zur Anwendung kommen.

Eine Handlung, welche beispielsweise sowohl die Merkmale des Betruges als auch die einer schweren strafbaren Fälschung in sich vereinigte, würde dem zufolge nicht auch gegen das Betrugsgesetz verstossen, sondern lediglich gegen § 268 St.G.B. Damit wäre aber der Gerechtigkeit Abbruch gethan. Denn es würde ohne jeglichen sichtlichen Grund ein gesetzlicher Strafausschliessungsgrund geschaffen. Der Betrug würde ausnahmsweise für straffrei erklärt, wenn die betrügerische Handlung zugleich Fälschung wäre. Das Reichsgericht wirft mit Recht die Frage auf, ob solchen Falles § 73 nicht richtiger im vierten Abschnitt des allgemeinen Teiles des St.G.B. unter der Ueberschrift „Gründe, welche die Strafe ausschliessen“, plaziert wäre denn im fünften Abschnitt mit der Ueberschrift „Zusammentreffen strafbarer Handlungen.“

Die herrschende Lehre (cfr. namentlich *Haager* im Gerichtssaal XXVII S. 101 ff., *Ruhstrat* G.S. XXIV S. 141 ff.) ist darüber einig, dass weder aus dem Wortlaut noch aus dem Geiste des Gesetzes gefolgert werden kann, dass in Fällen, die wir als Idealkonkurrenz bezeichnen, nur die alleinige Anwendung des Gesetzes, welches die schwerste Strafe androht, gestattet und j e d e Anwendung des verletzten anderen Gesetzes verboten ist, so dass der Thäter des konkurrierenden Verbrechens nicht einmal für schuldig erklärt werden darf. Im Gegenteil! Durch die Handlung sind mehrere Strafgesetze verletzt, es liegen mehrere Verbrechen vor und für jedes derselben muss eine Schuldigerklärung erfolgen. Nur die leichtere Strafe soll durch die schwerere Strafe absorbiert werden, nicht auch das leichtere Verbrechen durch das schwerere Verbrechen.

Von welcher praktischen Bedeutung diese theoretischen Erörterungen sind, beweisen die Entscheidungen des Reichsgerichts (E. 4 S. 179, 18 S. 193 ff. u. a. m.), welch' letzteres ebenfalls den Standpunkt der herrschenden Doktrin vertritt.

II. Spezielles.

Wenn *Geyer* (Strafr. I S. 186) zur Lösung der Gesetzeskonkurrenz die Rechtsregel „Lex posterior derogat priori" anwenden will, verkennt er damit vollständig, was die Bezeichnung „Gesetzeskonkurrenz" zum Ausdruck bringen soll. Es ist Voraussetzung der Gesetzeskonkurrenz, dass mehrere gültige Gesetze zur Auswahl stehen, deren passendstes dann zur alternativ ausschliessenden Anwendung gelangt. — Dass es sich hiebei nicht lediglich um das Strafgesetzbuch, sondern um alle verfassungsgemäss erlassenen und noch gültigen Gesetze handelt, also um das sämtliche Reichsrecht und das durch E.G. § 2 zu R.St.G.B. nicht aufgehobene Landesrecht, versteht sich von selbst.

I. Abschnitt.

Allgemeines und besonderes Recht.

Zu der enumeratorischen Aufzählung von Fällen der Gesetzeskonkurrenz übergehend, liegt zunächst Gesetzeskonkurrenz zweifellos da vor, wo der Grundsatz der l. 41 D. de poenis 48, 19 „in omni jure species generi derogat" Platz greift.

Indem der Gesetzgeber den allgemeinen Thatbestand in einer durch Hervorhebung besonderer Voraussetzungen konkreteren Gestaltung zum Gegenstande einer anderen Strafandrohung machte, hat er zu erkennen gegeben, dass nur dieser, nicht der allgemeinere Verbrechensbegriff Anwendung finden soll. — Die drei wichtigsten Formen, in denen der Gegensatz zwischen Regel- und Ausnahmerecht auftritt, sind die, dass der

Thatbestand des Sonderrechts mit einer schärferen, milderen oder andersartigen Strafe bedroht ist, als derjenige des regelmässigen Rechtssatzes. Man spricht solchenfalls von einem „qualifizierten" oder „privilegierten" Thatbestand gegenüber dem allgemeinen.

Deren Anzahl ist eine sehr grosse in unseren Strafgesetzen.

I. Strafbare Handlungen gegen Leib und Leben.

St.G.B. § 212 bedroht die nicht mit Ueberlegung ausgeführte, vorsätzliche Tötung eines Menschen. § 213 privilegiert den Totschläger, welcher ohne eigene Schuld durch eine ihm oder einem Angehörigen zugefügte Misshandlung oder schwere Beleidigung von dem Getöteten zum Zorne gereizt und hiedurch auf der Stelle d. h. noch unter dem Einfluss der durch die Reizung hervorgerufenen Gemütserregung zur That hingerissen wurde.

§ 214 statuiert ein Ausnahmerecht für den Totschläger, der diese That bei Unternehmung einer strafbaren Handlung zu ganz bestimmten Zwecken begeht, § 215 für denjenigen, der sich eines Totschlages an Ascendenten schuldig macht — beide Male jedoch so, dass die angedrohte Strafe eine höhere ist als im Normalfalle, das erste Mal wegen der besonderen Gefährlichkeit des Verbrechens, das zweite Mal wegen Hintansetzung der heiligsten Grundsätze unserer Gesittung.

§§ 216 und 217 gelten als Sonderrecht sowohl gegenüber der den Mord als auch der den Totschlag unter Strafe stellenden Bestimmung (§§ 211 und 212). Ist jemand durch das ausdrückliche und ernstliche Verlangen des Getöteten zur Tötung bestimmt worden, so ist er eben deshalb milder zu bestrafen als der normale Mörder oder Totschläger. Das Gesetz nimmt Rücksicht auf den aufgeregten Zustand der Mutter, welche ihr aussereheliches Kind in oder gleich nach der Geburt vorsätzlich sei es mit, sei es ohne Ueberlegung, tötet.

§ 222 Abs. 1 erhält eine Qualifikation im Abs. 2. War derjenige, welcher durch Fahrlässigkeit den Tod eines Menschen verursacht hat, zu der ausser Acht gelassenen Aufmerksamkeit vermöge seines Amtes, Berufes oder Gewerbes besonders verpflichtet, so erhöht sich die Strafdrohung bis auf 5 Jahre Gefängnis.

Das Vergehen der leichten vorsätzlichen Körperverletzung (§ 223 Abs. 1) wird erschwert, wenn es gegen Verwandte aufsteigender Linie begangen ist (§ 223 Abs. 2). Wird die leichte vorsätzliche Körperverletzung mittels eines gefährlichen Werkzeuges oder eines hinterlistigen Ueberfalles oder von mehreren gemeinschaftlich oder mittels einer das Leben gefährdenden Behandlung begangen, so kommt nicht mehr § 223, sondern der eben diesen qualifizierten Fall der gefährlichen Körperverletzung in seinem Thatbestand umfassende § 223a zur Anwendung. Hat die Körperverletzung den Verlust eines wichtigen Körpergliedes, des Sehvermögens, des Gehöres, der Sprache, der Zeugungsfähigkeit oder eine dauernde erhebliche Entstellung zur Folge, wird sie also zu einer sogenannten schweren, so ist allein § 224 verletzt.

Der Fall der schweren Körperverletzung wird in § 225 noch qualifiziert, wenn die eingetretenen Folgen beabsichtigt waren. In demselben Verhältnis wie die schwere Körperverletzung aus § 224, steht auch die aus § 226 strafbare Körperverletzung mit tötlichem Erfolge zu § 223.

Gesetzeskonkurrenz ist des ferneren vorhanden zwischen § 230 Abs. 1 und 2. Das Vergehen der fahrlässigen Körperverletzung ist erschwert durch Uebertretung einer Amts-, Berufs- oder Gewerbepflicht.

Die im § 220 Abs. 1 St.G.B. unter Strafe gestellte

vorsätzliche Abtreibung der Leibesfrucht durch Dritte ist im 2. Absatz desselben Paragraphen dadurch qualifiziert, dass durch die Handlung der Tod der Schwangeren verursacht worden ist.

Ist die Aussetzung im § 221 Abs. 1 mit Gefängnis nicht unter drei Monaten bedroht, so erhöht sich im § 221 Abs. 2 diese Mindeststrafe auf das Doppelte, wenn die Handlung von leiblichen Eltern gegen ihr Kind begangen ist. Ist durch die Handlung eine schwere Körperverletzung der ausgesetzten Person oder deren Tod verursacht worden so kann, obzwar auch der Thatbestand des § 221 Abs. 1 erfüllt ist, doch nur aus dem den ganzen faktischen Thatbestand erschöpfenden § 221 Abs. 3 gestraft werden.

Ebenso findet auch, soferne eine Vergiftung eine schwere Körperverletzung oder den Tod zur Folge hat, die Bestrafung nicht aus § 229 Abs. 1, sondern aus Abs. 2 statt.

Wird der Zweikampf im allgemeinen mit Festungshaft von drei Monaten bis zu fünf Jahren bestraft (§ 205), so ist das Strafminimum zwei Jahre Festung in dem qualifizierten Fall des § 206, wenn nämlich der Gegner im Zweikampfe getötet wurde, bezw. drei Jahre Festung, wenn der Zweikampf ein solcher war, der den Tod des einen von beiden herbeiführen sollte.

2. Strafbare Handlungen wider die persönliche Freiheit.

Durch die lex specialis der Gew.O. § 153 wird für den Fall des Koalitionszwanges d. h, des Zwanges zur Teilnahme an Verabredungen, welche die Erlangung günstiger Lohn- und Arbeitsbedingungen bezwecken, und der Hinderung des Rücktrittes von solchen Verabredungen die Anwendung der lex generalis St.G.B. § 240 ausgeschlossen.

Das Vergehen der Freiheitsberaubung (§ 239 Abs. 1)

wird zum Verbrechen, wenn die letztere über eine Woche gedauert oder eine schwere Körperverletzung bezw. den Tod des der Freiheit Beraubten zur Folge gehabt hat (§ 239 Abs. 2 und 3).

3. Strafbare Handlungen gegen die geschlechtliche Freiheit.

Bestehen die unzüchtigen Handlungen, zu deren Duldung der Verbrecher eine Frauensperson durch Gewalt oder durch Drohung mit gegenwärtiger Gefahr für Leib oder Leben nötigt, in einem ausserehelichen Beischlaf, so schliesst die qualizierte Bestimmung des § 177 Satz 1 die Anwendung des § 176 Ziff. 1 aus.

Die Schändung des § 176 Ziff. 2 wird durch Hinzutritt des erschwerenden Momentes, darin bestehend, dass der Thäter die Frauensperson zu dem Zwecke, dieselbe zum ausserehelichen Beischlafe zu missbrauchen, in einen willenlosen oder bewusstlosen Zustand versetzt hat, aus § 177 Satz 2 strafbar.

Wird der Thatbestand der §§ 176 und 177 dadurch qualifiziert, dass durch eine dort bezeichnete Handlung der Tod der verletzten Person verursacht worden ist, so findet die Bestrafung lediglich aus § 178 statt.

4. Strafbare Handlungen gegen die Ehre.

Wird die üble Nachrede bezw. die verleumderische Beleidigung öffentlich oder durch Verbreitung von Schriften, Abbildungen oder Darstellungen begangen, so kommt die qualifizierte Strafdrohung des § 186 II. Satz bezw. § 187 II. Satz zur Anwendung (cfr. R.G.E. XXIV S. 270).

5. Strafbare Handlungen gegen den persönlichen Frieden und verwandte Rechte.

Der Hausfriedensbruch, welcher von einer mit Waffen versehenen Person oder von mehreren gemeinschaftlich begangen wird (§ 123 Abs. 3), stellt sich lediglich als ein vom Gesetze durch eine besondere Strafandrohung ausgezeichneter Fall des Gattungsdeliktes (§ 123 Abs. 1) dar. § 124 allein ist verletzt im Falle des schwersten Hausfriedensbruches, d. i. wenn derselbe von einer öffentlich zusammengerotteten Menschenmenge in der Absicht Gewaltthätigkeiten gegen Personen oder Sachen mit vereinten Kräften zu vollführen begangen ist.

6. Strafbare Handlungen gegen das Vermögen.

Ist der dem § 242 gegenüber erweiterte Thatbestand des § 243 Ziff. 1—7 erfüllt, so kommt nur die entsprechende Ziffer dieses Paragraphen, nicht auch die erstangeführte Gesetzesbestimmung zur Anwendung.

Wer im Inland als Dieb, Räuber oder gleich einem Räuber oder als Hehler bestraft worden ist, darauf abermals eine dieser Handlungen begangen hat und wegen derselben bestraft worden ist wird sowohl wegen Begehung eines einfachen (§ 242) als auch wegen Begehung eines schweren Diebstahls (§ 243) aus dem eine schwerere Strafdrohung enthaltenden § 244 bestraft.

Der Diebstahl ist des ferneren qualifiziert durch darauf folgende Gewalt oder Drohungen behufs Erhaltung im Besitze des gestohlenen Gutes (§ 252).

Ist der Diebstahl von Ascendenten gegen Descendenten verübt oder von einem Ehegatten gegen den anderen, so bleibt derselbe straflos (§ 247 Abs. 2.); nur auf Antrag kann Diebstahl in den privilegierten Fällen des § 247 Abs. 1 verfolgt werden.

Ebenso wie dem § 242 gegenüber haben die Bestimmungen des § 247 auch dem § 246 gegenüber ausschliessende Bedeutung. Die Unterschlagung ist erschwert, wenn die zugeeignete Sache dem Thäter anvertraut war (§ 246 II. Satz).

Der Genussmitteldiebstahl oder Mundraub (§ 370 Ziff. 5) stellt sich als ein privilegierter Fall des Diebstahles (§ 242) dar und bietet so, wenn auch in beschränktem Masse, einen Ersatz dafür, dass bei dem einfachen Diebstahl keine mildernden Umstände zugelassen sind (cfr. R.G.E. VI S. 328).

Nicht so § 370 Ziff. 6 im Verhältnis zu § 242 St.G.B.!

Der Thatbestand des sogenannten Futterdiebstahls ist kein privilegierter gegenüber demjenigen des Diebstahls, sondern ein ganz anderer. Während § 242 die Zueignungsabsicht als Thatbestandsmoment fixiert kann eine solche bei Verwirkung der Strafe aus § 370 Ziff. 6 nicht vorhanden gewesen sein.

Feld- und Forstdiebstahl ist nur da auf Grund des § 242 zu bestrafen, wo das Landesrecht keine Bestimmungen über diese Spezialfälle enthält (E.G. z. St.G.B. § 2 Abs. 2).

Der Raub wird aus § 250 geahndet, wenn der erschwerende weitere Thatbestand der Ziff. 1—5 gegeben ist, aus § 251, wenn bei dem Raube ein Mensch gemartet wurde.

§ 305 bedeutet eine Qualifikation des § 303, schliesst also, insoweit es sich um eine der in § 305 aufgeführten Sachen handelt, den § 303 aus. Nicht so § 304 gegenüber dem § 303. Der Thatbestand des § 304 stellt sich im Verhältnis zu dem des § 303 nicht etwa als der engere dar, sondern ist dadurch, dass die Sachen, um seine Anwendbarkeit zu ermöglichen, keine „fremden" sein müssen, auch der Vorsatz nicht auf Beschädigung einer fremden Sache zu gehen braucht, überhaupt ein ganz anderer. Sobald eine der im § 304 bezeichneten, dem Thäter gleichzeitig fremden Sachen beschädigt wird, tritt Idealkonkurrenz zwischen § 304 und § 303 ein.

Das Jagdvergehen ist privilegiert, nämlich nur auf Antrag verfolgbar, sofern der Thäter ein Angehöriger des Jagdberechtigten ist (§ 292 Abs. 2); es ist qualifiziert, wenn die Nachstellung auf nicht waidmännische Art oder während der gesetzlichen Schonzeit, nachts oder gemeinschaftlich von mehreren begangen wird (§ 293).

Das nach § 370 Ziff. 4 mit Geld oder Haft strafbare unberechtigte Fischen oder Krebsen wird unter den weiteren Voraussetzungen des § 296 zum Vergehen. Dagegen enthält § 296a keine Qualifikation des § 370 Ziff. 4, sondern ein delictum proprium. § 296a handelt nicht, wie § 370 Ziff. 4 und § 296, von der strafbaren Verletzung eines fremden Fischerei*rechtes*, sondern vielmehr von der Strafbarkeit *unbefugter* Fischerei. — Die deutschen Küstengewässer stehen nicht im Privateigentum des deutschen Reiches, so dass sich derjenige, der dortselbst unberechtigt fischen würde, gegen § 370 Ziff. 4 St.G.B. verfehlte. Die Befugnis der Regelung und Benützung der Küstengewässer stellt sich vielmehr lediglich als Ausfluss des deutschen Staatshoheitsrechtes dar und deshalb kann solchenfalls von einem „unberechtigten" Fischen überhaupt keine Rede sein. Das Fischen der Ausländer in diesen Gewässern ist aber ein „unbefugtes", weil der deutsche Staat in Ausübung seines Hoheitsrechtes diesen das Fischen dortselbst verbietet und in § 296a mit Strafe bedroht.

Betrug im Rückfalle ist durch § 264 mit erschwerter Strafe bedroht. Der Versicherungsbetrug (§ 265) ist kein qualifizierter Fall des gewöhnlichen Betruges, sondern vielmehr ein eigenes Delikt, das sich als Vorbereitungshandlung zum Betrug charakterisiert. — Steuerdefraudationen sowie Zolldefraudationen, welche zugleich die Merkmale eines Betruges enthalten, werden eben nur als Steuer- bezw. Zolldelikte bestraft, eventuell nach den trotz Einführung des R.St.G.B. in Geltung gebliebenen Bestimmungen der bezüglichen Landesgesetze (cfr. R.G.E. 20 S. 306).

Die Untreue, welche in der Absicht begangen wurde sich oder einem anderen einen Vermögensvorteil zu verschaffen, kann neben Gefängnisstrafe auch durch Geldstrafe gesühnt werden (§ 266 Abs. II).

Schuldner, welche ihre Zahlungen eingestellt haben oder über deren Vermögen das Konkursverfahren eröffnet worden ist, werden, wenn sie pflichtwidrig Handelsbücher zu führen unterlassen haben, deren Führung ihnen gesetzlich oblag, oder dieselben verheimlicht, vernichtet oder so geführt haben, dass sie keine Uebersicht über den Vermögenszustand gewähren, nicht aus § 210 K.O bestraft, sondern aus dem allein verletzten, qualifizierten § 209, sofern sie diese Unterlassungen bezw. Handlungen in der Absicht ihre Gläubiger zu benachteiligen vorgenommen haben.

Der § 253 enthält den einfachen Thatbestand der Erpressung im Gegensatz zu den in den §§ 254, 255 behandelten Fällen der qualifizierten Erpressung.

Ist die Ausbeutung Minderjähriger unter Verpfändung von deren Ehre oder ähnlichen Beteuerungen geschehen, so ist nicht § 301, sondern lediglich der qualifizierte § 302 verletzt. Ist zwar der gesetzliche Thatbestand des § 302a durch den faktischen erfüllt, wohl aber auch derjenige des § 302b, so kann nur die Strafdrohung des letzteren zur Anwendung kommen. Auch der Mitwucher ist ein einfacher oder qualifizierter, je nachdem der ursprüngliche Wucher ein einfacher oder qualifizierter war und der Erwerber der Forderung im letzteren Falle zugleich Kenntnis von dem straferhöhenden Umstand hatte (§ 302c).

7. Strafbare Handlungen gegen die Familie.

Ist die vorsätzliche Veränderung des Personenstandes

in gewinnsüchtiger Absicht begangen, so ist nicht der den gleichen Thatbestand, allerdings nur zum Teil, erfordernde erste Satz des § 169, sondern nur der zweite Satz des gleichen Paragraphen verletzt.

Für Verwandte und Verschwägerte absteigender Linie, welche das 18. Lebensjahr nicht vollendet haben, kommt im Falle eines stattgehabten Beischlafes mit Verwandten bezw. Verschwägerten aufsteigender Linie lediglich der Straflosigkeit statuierende Abs. 4 des § 173 in Betracht. Geschwister unter 18 Jahren geniessen ein gleiches Privilegium nicht, so dass sie durch Begehung einer Blutschande den Abs. 2 des § 173 verletzen würden.

8. Strafbare Handlungen gegen den öffentlichen Frieden.

§ 125 Abs. 2 droht erhöhte Strafe an für den Landfriedensbruch (§ 125 Abs. 1) gegen die Rädelsführer sowie diejenigen, welche Gewaltthätigkeiten begangen oder Sachen geplündert, vernichtet oder zerstört haben.

9. Strafbare Handlungen gegen Treu und Glauben im Verkehr.

Tritt zu der rechtswidrigen Absicht, welche die Strafdrohung des § 267 voraussetzt, noch die Absicht sich oder einem anderen einen Vermögensvorteil zu verschaffen oder einem anderen Schaden zuzufügen so ist nicht angeführter Paragraph, sondern § 268 verletzt.

Unter der gleichen Voraussetzung wird das Vergehen der intellektuellen Urkundenfälschung (§ 271) zum Verbrechen (§ 272).

Der gesetzliche Thatbestand des § 277 schliesst denjenigen des § 267 in sich und somit dessen Anwendbarkeit aus.

Wenn *Olshausen* (§ 277a 3) übereinstimmend mit der Entscheidung des Reichsgerichts E. 6 S. 1 die Behauptung aufstellt, dass § 277 als lex specialis auch die Anwendung des § 268 ausschliesse, sofern die Fälschung des Gesundheitszeugnisses in der Absicht der Erreichung eines Vermögensvorteiles begangen ist, so können wir dieser Ansicht aus unten näher zu erörternden Gründen nicht beipflichten.

Auch zwischen § 363 einerseits und dem § 267 und § 268 andrerseits scheint mir im Gegensatz zur herrschenden Lehre Gesetzeskonkurrenz nicht zu bestehen. § 363 ist schon verletzt, wenn jemand die dort aufgeführten Urkunden behufs Täuschung zum Zwecke besseren Fortkommens verfälscht, falsch anfertigt oder wissentlich hievon Gebrauch macht. Der Thatbestand der §§ 267 und 268 dagegen setzt die doppelte Thätigkeit der Fälschung und des Gebrauchmachens voraus und gewährt keine Strafdrohung bei nur teilweiser Erfüllung. Das in § 363 unter Strafe gestellte wissentliche Gebrauchmachen falscher Pässe etc. schliesst allerdings als spezielle Bestimmung die allgemeine Strafdrohung des § 270 aus, ebenso wie auch § 279 mit § 270 in Gesetzeskonkurrenz steht.

10. Gemeingefährliche strafbare Handlungen.

Trifft einer der Qualifikationsgründe des § 307 zu, so ist durch die Brandstiftung eben dieser Paragraph des St.G.B., nicht auch der allgemeinere § 306 verletzt.

Ist durch fahrlässige Brandstiftung der Tod eines Menschen verursacht worden, so kommt lediglich der eine erhöhte Strafdrohung im Vergleich zu Satz 1 enthaltende Satz 2 des § 309 zur Anwendung.

Sowohl vorsätzliche wie fahrlässige Herbeiführung einer Ueberschwemmung werden schwerer bestraft, wenn durch dieselbe der Tod eines Menschen verursacht wurde (§§ 312 und 314). Das Verbrechen der vorsätzlichen Herbeiführung einer Ueberschwemmung mit Gemeingefahr für Eigentum (§ 313 Abs. 1) ist privilegiert und als Vergehen behandelt, sofern die Absicht des Thäters nur auf Schutz seines Eigentums gerichtet war (§ 313 Abs. 2).

Die Strafdrohung des § 315 Abs. 1 für vorsätzliche Eisenbahntransportgefährdung ist eine erschwerte nicht nur, wenn durch diese Handlung der Tod eines Menschen, sondern in geringerem Masse auch, wenn hiedurch eine schwere Körperverletzung verursacht worden ist (§ 315 Abs. 2), für fahrlässige Verletzung eines Eisenbahntransportes (§ 316 Abs. 1 Satz 1) nur, sofern der Tod eines Menschen herbeigeführt wurde (§ 316 Abs. 1 Satz 2).

In gleicher Weise sind auch die in den §§ 321, 322, 323, 324, 326 unter Strafe gestellten Delikte qualifiziert.

Ist infolge wissentlicher Verletzung der Einfuhrverbote ein Mensch von der ansteckenden Krankheit oder ein Vieh von der Seuche ergriffen worden, so kommt nicht der allgemeinere § 327 Abs. 1 bezw. § 328 Abs. 1, sondern der allein verletzte § 327 Abs. 2 bezw. § 328 Abs. 2 zur Anwendung.

Aehnliche Qualifikationen finden sich im Sprengstoff-Gesetz § 5 und vielen anderen gemeingefährliche Verbrechen mit Strafe bedrohenden gesetzlichen Bestimmungen.

II. Strafbare Handlungen gegen die Staatsgewalt.

Der § 110 St.G.B. bedroht unter näher bestimmten Voraussetzungen die öffentliche Aufforderung zum Ungehorsam gegen Gesetze, Verordnungen und obrigkeitliche Anordnungen. § 111 richtet sich gegen die in gleicher Weise erfolgende Aufforderung zu einer strafbaren Handlung. Das Reichsgericht hat in seinem Urteil vom 19. April 1881 (E. IV S. 107) die sehr richtige Behauptung aufgestellt, dass erstere Vorschrift einen Thatbestand vorsehe, welcher begrifflich die Merkmale des § 111 in sich schliesst, letztere Vorschrift aber insoferne einen speziellen Thatbestand enthalte, als sie eine Aufforderung zu einer bestimmten und zugleich strafbaren Handlung erfordert. Demzufolge ist die Anwendung des § 110 ausgeschlossen, insoweit der speziellere Straffall des § 111 vorliegt, gleichviel ob sich dadurch eine härtere oder gelindere Strafe als bei Anwendung des § 110 herausstellt.

Nach der übereinstimmenden Rechtsprechung der Strafsenate des Reichsgerichts (cfr. R.G.E. III S. 334, IV S. 143, XX S. 35) wird die strengere Strafvorschrift des § 114 St.G.B. durch die vorangehende mildere des § 113 ausgeschlossen, wenn Gewalt oder Drohung gegen einen der in § 113 näher bezeichneten Vollstreckungsbeamten gerichtet ist und die Amtshandlung, zu deren Unterlassung derselbe genötigt werden soll, bereits begonnen ist. Wenn *Olshausen* (§ 114 A 7a) ein unbefriedigendes Resultat darin findet, dass dem Vollstreckungsbeamten aus § 113 nicht ein erhöhter, sondern ein verminderter Schutz im Vergleich zur Strafsatzung des § 114 erwächst und diese Thatsache als einen aus dem preuss. St.G.B. übernommenen Redaktionsfehler bezeichnet, so scheint er mir die Absicht des Gesetzgebers zu verkennen. Dieser will den gegen § 113 St.G.B. sich vergehenden Thäter privilegieren, indem er die menschlich erklärliche Aufregung, die durch das unmittelbare Bevorstehen der Zuführung eines Uebels hervorgerufen wird, berücksichtigt.

Wenn *Oppenhoff* und *Olshausen* §§ 89 und 90 Seem.-Ordn., als leges speciales zu § 114 auffassen, so kann ich mich dieser Ansicht nicht anschliessen. Trotz mannigfacher Berührungspunkte scheint mir der Thatbestand der §§ 89 und 90 Seem.-Ordn. und des § 314 St.G.B. dadurch ein ganz anderer, dass ersterer von einem zu vergewaltigenden Schiffer, also einer Privatperson, letzterer von einem Beamten im Sinne des § 359 St.G.B. handelt.

Ist der Schiffsmann Beamter, so entsteht Idealkonkurrenz zwischen den allegierten Gesetzesbestimmungen.

In demselben Verhältnis wie § 113 steht auch § 117 St.G.B. zu § 114, nur dass es sich in diesem Falle statt um Vollstreckungs- um Forst- und Jagdbeamte handelt.

Die Strafdrohung des § 117 Abs. 1 ist erschwert, wenn der Widerstand oder Angriff unter Drohung mit gefährlichen Werkzeugen begangen wurde (§ 117 Abs. 2) oder wenn durch die Handlung eine Körperverletzung des Angegriffenen bewirkt wurde (§ 118 Abs. 1).

Weder § 117 noch § 118 sind verletzt, wenn eine der dort bezeichneten Handlungen von mehreren gemeinschaftlich begangen worden ist, vielmehr kommt solchen Falles lediglich § 119 zur Anwendung.

Der Auflauf (§ 116 Abs. 1) ist mit gleicher Strafe wie der Aufruhr bedroht, wenn den Beamten oder der bewaffneten Macht thätlicher Widerstand mit vereinten Kräften geleistet wurde (§ 116 Abs. 2).

12. Strafbare Handlungen gegen die Staatsverwaltung.

Von den strafbaren Handlungen im Amte interessieren uns momentan besonders die sogenannten uneigentlichen oder gemischten Amtsverbrechen d. h. diejenigen, bei denen die Beamteneigenschaft lediglich erhöhte Strafbarkeit begründet. Aus Zweckmässigkeitsgründen stellen wir sie an dieser Stelle zusammen statt jedes, aus dem Zusammenhang losgelöst, in der Behandlung dem Delikte anzugliedern, demgegenüber eine Qualifikation vorliegt.

Der Thatbestand des § 223 Abs. 1 St.G.B. geht in dem des § 340 Abs. 1, der des § 224 in dem des § 340 Abs. 2 vollständig auf und nach den Grundsätzen der Gesetzeskonkurrenz muss infolgedessen der speziellere § 340 zur ausschliesslichen Anwendung kommen (cfr. R.G.E. XII S. 224).

Ist die Freiheitsberaubung eines Menschen durch einen Beamten verursacht, so ist nicht § 239 St.G.B., sondern der speziellere § 341 verletzt.

Der in § 123 unter Strafe gestellte Hausfriedensbruch ist durch die Strafdrohung des § 342 qualifiziert, sofern der Thäter Beamter ist, ebenso wie auch § 121 durch § 347.

Ist die Mindeststrafe, welche auf die vorsätzliche Vernichtung, Beseitigung oder Beschädigung einer amtlich aufbewahrten Urkunde angedroht ist, ein Tag Gefängnis (§ 133 Abs. 1), so erhöht sich dieselbe auf einen Monat, sofern ein Beamter die ihm anvertraute Urkunde beseitigt (§ 348 Abs. 2 [cfr. R.G.E. II S. 427]). Desgleichen schliesst § 349 als lex specialis § 133 Abs. 2 aus. Der Postbeamte, der die der Post anvertrauten Briefe und Packete vorsätzlich und unbefugt eröffnet, macht sich keines Vergehens aus § 299, sondern nur eines solchen aus § 354 schuldig, ebenso wie sich der Telegraphenbeamte, welcher der Telegraphenanstalt anvertraute Depeschen vorsätzlich und unbefugter Weise eröffnet, lediglich gegen § 355 St.G.B. vergeht.

Macht sich ein Beamter einer Handlung schuldig, welche in subjektiver und objektiver Hinsicht die Thatbestandsmerkmale des § 256 erfüllt, so verletzt er nicht diesen Paragraphen des St.G.B., sondern § 350, sofern er das Objekt der Unterschlagung in amtlicher Eigenschaft empfangen oder in Gewahrsam hat. Das Vergehen der Amtsunterschlagung wird zum Verbrechen durch Hinzutritt weiterer Thatbestandsmomente, so dass nur die in § 351 angedrohte Strafe zur Anwendung kommt (cfr. R.G.E. II S. 280).

Unter den eigentlichen oder reinen Amtsdelikten ist für uns besonders das des § 334 beachtenswert.

Der Richter — soweit er überhaupt Beamter im Sinne des § 359 ist —, welcher eine Bestechung zu dem speziellen Zweck die Entscheidung einer Rechtssache in bestimmtem Sinne zu beeinflussen annimmt, vergeht sich gegen die lex specialis des § 334 Abs. 1, obgleich auch der Thatbestand des § 332 durch solche Handlung umfasst wäre. Wer einen Richter zu dem vorbezeichneten Zwecke besticht, verletzt die im Verhältnis zu § 333 qualifizierte Strafdrohung des § 334 Abs. 2.

Die in § 348 unter Strafe gestellten Handlungen werden gemäss der Strafdrohung des § 349 geahndet, sofern diese Handlungen in der Absicht der Erlangung eines rechtswidrigen Vermögensvorteiles begangen sind.

§ 356 Abs. 2 ist verletzt, nicht auch § 356 Abs. 1, wenn ein Rechtsbeistand sich einer Prävarikation im Einverständnisse mit der Gegenpartei zum Nachteile seiner Partei schuldig macht.

Die Strafe des Zeugen- und Sachverständigen-Meineides (§ 154 Abs. 1) ist eine qualifizierte, wenn das falsche Zeugnis oder Gutachten in einer Strafsache zum Nachteile eines Angeschuldigten abgegeben und dieser zum Tode, zu Zuchthaus oder zu einer anderen mehr als 5 Jahre betragenden Freiheitsstrafe verurteilt worden ist (§ 154 Abs. 2).

Privilegiert ist der Zeugen- und Sachverständigen-Meineid, auch die falsche Versicherung an Eidesstatt in den in §§ 157 und 158 St.G.B. aufgezählten Fällen, dies allerdings nicht in dem Masse wie der Falscheid im Falle des § 163 Abs. 2.

Die Strafe der Begünstigung (§ 257 Abs. 1 Satz I) ist eine schwerere, wenn durch den geleisteten Beistand gleichzeitig der Vorteil des Begünstigers angestrebt wurde (§ 257 Abs. 1 Satz II). Auch diese letztere Strafdrohung ist nicht verwirkt, sondern vielmehr die des § 258, wenn das Vordelikt ein Diebstahl, ein Raub oder ein Quasi-Raub war.

Die Zahl der Fälle, in denen eine lex specialis

die lex generalis in unseren geltenden Strafgesetzen beschränkt, ist durch die geschehene Aufzählung keineswegs erschöpft. Das Anwendungsgebiet der aufgestellten Regel ist ein übergrosses, besonders gross deshalb, weil der Gesetzgeber durch Einführung des aus Frankreich stammenden Systems der unbestimmten mildernden Umstände der subjektiven Ansicht des Richters in zahlreichen Fällen die Schaffung einer Gesetzeskonkurrenz anheim gegeben hat.

Und nun zum Schlusse dieses Abschnittes noch ein Wort über das Zusammentreffen mehrerer Qualifikationsgründe bei derselben strafbaren Handlung! Die gemeine Meinung nimmt hier blosse Gesetzeskonkurrenz an (cfr. *Binding*, Handb. I S. 353; *Ortmann*, Goltdam. Arch. XXXV 26; *Frank*, Kommentar § 73, A. VII, 1 a). Meines Ermessens trifft das nicht zu. Es werden solchenfalls nach der Ausdrucksweise des Gesetzes „mehrere Strafgesetze verletzt", weshalb nach Massgabe des positiven Gesetzes Verbrechensmehrheit vorhanden ist und zwar in der im § 73 St.G.B. vorgesehenen Form der Idealkonkurrenz (ebenso *Olshausen* § 73 A. 21).

Die gleiche Behandlung erfordern auch die Fälle, in denen qualifizierende und privilegierende Umstände konkurrieren, sowie auch diejenigen, in denen das Gesetz das Gattungsdelikt in seiner einfachen Form gar nicht, wohl aber verschiedene Qualifikationen desselben unter Strafe gestellt hat (z. B. Kuppelei — §§ 180, 181 St.G.B.).

II. Abschnitt.

Subsidiarität der Strafgesetze.

Will die lex specialis gerade insoweit zur Anwendung kommen, als sich ihr Thatbestand mit dem der lex generalis deckt, so wird das Anwendungsgebiet der lex subsidiaria durch das der lex primaria beschränkt.

I. Ausdrücklich hervorgehobene Subsidiarität.

Das Subsidiaritätsverhältnis wird vielfach ausdrücklich hervorgehoben.

So geht aus dem Wortlaute und der Entstehungsgeschichte des § 49a St.G.B. hervor, dass diese Gesetzesstelle nur subsidiärer Natur ist und nur zur Anwendung zu kommen hat, soweit für die betreffende Thathandlung das Gesetz nicht eine andere Strafe androht.

Der Sinn dieses Vorbehaltes ist der, dass die besonderen Vorschriften des Strafgesetzbuches, der Reichsspezialgesetze und der Landesgesetze, welche die erfolglose Aufforderung zur Begehung einer strafbaren Handlung ohnehin schon mit Strafe bedrohen, neben dem § 49a bestehen bleiben bezw. dessen Anwendbarkeit ausschliessen sollen.

Dabei ist es gleichgiltig, ob die von dem spezielleren Gesetz angedrohte Strafe eine schwerere oder leichtere ist. Wenn daher in den §§ 85, 110, 111, 112, 159 St.G.B. die Aufforderung zur Begehung der dort bezeichneten besonderen Reate mit Strafe bedroht ist, so kann, sobald eine solche spezielle Aufforderung in Frage steht, von Anwendbarkeit des die Aufforderung zu irgend welchem Vergehen im allgemeinen mit Strafe bedrohenden Duchesne-Paragraphen keine Rede mehr sein. — *Binding* (Handb. I § 75a 4) hält den § 49a auch dem § 333 subsidiär, insoweit der Bestehende den Beamten zu einer Verletzung seiner Amtspflicht auffordert, welche sich als Verbrechen oder Teilnahme an einem solchen darstellt. Das Reichsgericht hat in seinen Entscheidungen (E. IX S. 261, XII S. 54) trefflich dargelegt, dass das wesentlichste Kriterium des § 49a, die Aufforderung zu einem V e r b r e c h e n, an sich kein unerlässliches Thatbestandsmerkmal des § 333 ist. Der Begriff einer „Verletzung der Amts- oder Dienstpflicht“ und der eines „Verbrechens“ sind völlig unabhängig von einander und so kann auch, sofern sich die Verletzung der Amtspflicht als Verbrechen darstellt, von einem Sich-decken der Thatbestände der §§ 49a und 333 und demgemäss von einem Ausschlusse des einen Gesetzes durch das andere keine Rede sein. Es muss vielmehr solchen Falles der für das Vergehen aus § 333 St.G.B. völlig gleichgiltige Umstand, dass die Verletzung der Dienstpflicht nach der konkreten Sachlage noch weiter als Verbrechen erscheint, als ein selbständiger rechtlicher Gesichtspunkt der Handlung in Betracht kommen.

Wer die vereinbarten oder hergebrachten Kampfregeln beim Zweikampf vorsätzlich übertritt, verletzt die im Begriffe des Zweikampfes liegende Gleichstellung der Parteien. Deshalb haftet er für sein Thun nach den allgemeinen Vorschriften über das Verbrechen der Tötung oder der Körperverletzung.

§ 207 St.G.B. erklärt nun diese im 16. und 17. Abschnitt St.G.B. enthaltenen Strafdrohungen für subsidiär gegenüber denjenigen der §§ 205 und 206 St.G.B., sofern nach eben diesen letzteren beiden eine härtere Strafe verwirkt ist.

Die widerrechtliche Verletzung der Amts-Verschwiegenheit seitens eines Beamten im Dienste des auswärtigen Amtes des Deutschen Reiches wird zufolge St.G.B. § 353a I. Abs. mit Gefängnis oder mit Geldstrafe bis zu 5000 Mk. bestraft. Doch ist auch diese Strafdrohung nur eine subsidiäre d. h. sie kommt nur zur Anwendung, sofern nicht nach anderen Bestimmungen eine schwerere Strafe verwirkt ist. Der Gesetzgeber scheint bei Abfassung des Arnim-Paragraphen vorzüglich § 92 Ziff. 1 St.G.B. in Berücksichtigung gezogen zu haben. Um die Möglichkeit einer Idealkonkurrenz angeführter Gesetzesstellen zu vermeiden, hat er specialiter Gesetzeskonkurrenz angeordnet.

§ 17 des Salzsteuer-Gesetzes vom 12. Oktober 1867 gewährt den Bestimmungen der Zollstrafgesetze hinsichtlich der Anerbietung von Geschenken an die mit Kontrollierung der Salzabgabe betrauten Beamten und deren Angehörige sowie hinsichtlich Widersetzlichkeiten gegen erstere nur subsidiäre Anwendung gegenüber den allgemeinen Strafgesetzen. Diese nämlich sollen Platz greifen, sofern sie eine härtere Strafe androhen.

Wer bei der Ausführung einer Impfung fahrlässig handelt wird nur dann aus § 17 Impf-Ges. vom 8. April 1874 bestraft, wenn nicht nach dem Strafgesetzbuch eine härtere Strafe eintritt.

§ 43 Strandungsordnung vom 17. Mai 1874 statuiert ebenfalls eine subsidiäre Strafdrohung. Nicht diese soll Anwendung finden, sofern nach allgemeinen Strafgesetzen eine höhere Strafe verwirkt ist. Hiebei kommt vornehmlich die Strafdrohung des § 246 St.G.B., event. auch die des § 242 in Betracht.

Gleiche Gesetzeskonkurrenz besteht zwischen § 5 des Gesetzes vom 25. Februar 1876 betr. die Beseitigung von Ansteckungsstoffen bei Viehbeförderung auf Eisenbahnen und § 328 St.G.B.

Auch die Strafdrohungen der §§ 65, 66, 67 des Gesetzes vom 23. Juni 1880 betr. die Abwehr und Unterdrückung von Viehseuchen kommen lediglich dann zur Anwendung, wenn nach den bestehenden gesetzlichen Bestimmungen keine höhere Strafe verwirkt ist. In den Fällen der §§ 65, 66 genannten Gesetzes scheint der Gesetzgeber namentlich an § 328 St.G.B., im Fall des § 66 an § 2 des Gesetzes vom 21. Mai 1878 gedacht zu haben (cfr. auch R.G.E. 27 S. 357).

Wenn im Krankenversicherungs-Gesetz vom 15. Juni 1883 die in § 52 angedrohte Strafe nur auf diejenigen dort bezeichneten Fälle beschränkt ist, welche nicht nach anderen gesetzlichen Bestimmungen einer härteren Strafe verfallen sind, so ist damit der Eventualität einer Gesetzeskonkurrenz zwischen angeführter Gesetzesstelle mit § 263 St.G.B. oder auch mit § 253 St.G.B. Raum gegeben.

§ 2 des Reichsgesetzes vom 30. April 1884 zur Ausführung der internationalen Konvention vom 6. Mai 1882 betr. die polizeiliche Regelung der Fischerei in der Nordsee ausserhalb der Küstengewässer bedroht Zuwiderhandlungen gegen die in den Art. 6 bis 23 der internationalen Konvention enthaltenen Bestimmungen mit einer der schwereren Strafdrohung der allgemeinen Strafgesetze gegenüber subsidiären Strafe. Da nun die in den Art. 19 bis 22 der Konvention bezeichneten Handlungen, welche eine Beschädigung verursachen, zugleich nach den Bestimmungen des St.G.B. über Sachbeschädigung strafbar sind, so sind diese lediglich aus § 303 St.G.B. als dem eine schwerere Strafe androhenden Strafgesetz zu ahnden.

Inhaltlich des § 2 des Reichsgesetzes vom 21. November 1887 zur Ausführung des internationalen Vertrages zum Schutze der unterseeischen Telegraphenkabel vom 14. März 1884 werden Zuwiderhandlungnn gegen die in den Art. 5 und 6 des Vertrages und in § 1 des Gesetzes enthaltenen Bestimmungen nur dann mit der dort bestimmten Strafe bedroht, sofern nicht nach allgemeinen Strafgesetzen eine höhere Strafe verwirkt ist. Diesbezügliche allgemeine Strafgesetze sind vorzüglich §§ 317, 318 St.G.B.

Die in § 62 der Betriebsordnung für die Haupteisenbahnen Deutschlands vom 5. Juli 1892 sowie die in § 45 der Bahnordnung für die Nebeneisenbahnen Deutschlands gleichen Datums angedrohte Strafe wird gleichfalls nur bei Nicht-Verwirkung einer anderen härteren Strafe verhängt.

Auch § 34 des Gesetzes vom 27. April 1894 betr. die Erhebung von Reichsstempelabgaben enthält eine nur subsidiäre Strafdrohung.

Die in § 1 des Gesetzes vom 4. März 1894 betr. die Ausführung des internationalen Vertrages vom $\frac{\text{16. November 1887}}{\text{14. Februar 1893}}$ zur Unterdrückung des Branntweinhandels unter den Nordseefischern auf hoher See angedrohte Strafe ist nur dann verwirkt, wenn nicht auch ein eine höhere Strafe androhendes Gesetz verletzt ist. Diese vom Gesetzgeber vorbehaltenen höheren Strafen scheinen mir vorzüglich in der Beschaffenheit des verkauften Branntweins ihren Grund haben zu können.

Die Anwendbarkeit des § 9 des Depotgesetzes vom 5. Juli 1896 ist ausgeschlossen, wenn die zur Verfolgung gezogene Handlung zugleich den Thatbestand der Unterschlagung (§ 246 St.G.B.) bildet.

2. Sich von selbst ergebende Subsidiarität.

Häufig ist das Subsidiaritätsverhältnis von Strafgesetzen nicht ausdrücklich hervorgehoben, wohl aber in der logischen Beziehung der Gesetze zu einander begründet.

A) So sind alle gegen den Versuch oder gegen die Vorbereitung eines Verbrechens gerichteten Strafgesetze den gegen das vollendete Verbrechen sich richtenden subsidiär. Voraussetzung hiebei ist allerdings, dass die That überhaupt nicht unter erschwerenden Umständen verübt ist oder dass Versuch **und** Vollendung oder doch letztere unter solchen Umständen begangen ist.

Ist der in der Einheitshandlung begriffene Versuch allein unter einem erschwerenden Umstande verübt, so wäre es unrichtig von dem qualifizierenden Umstande abzusehen, und das Reichsgericht nimmt in diesem letzteren Ausnahmefall mit Recht Idealkonkurrenz an (cfr. R.G.E. 15 S. 281).

Während sich eine Konkurrenz des das vollendete und das versuchte Verbrechen bedrohenden Strafgesetzes in jedem Falle von selbst ergibt, ist eine solche bezüglich der Vergehen nur in den Fällen möglich, wo das Gesetz eine Bestrafung des Versuches ausdrücklich androht, bezüglich Uebertretungen aber niemals (St.G.B. § 43).

Bei den schwerstbedrohten Vorbereitungshandlungen des heutigen gemeinen Rechtes, denen zum Hochverrat, sagt St.G.B. § 83 zum Ueberfluss ausdrücklich, dass die Strafe hiefür derjenigen für das ausgeführte Verbrechen subsidiär sein soll.

Vorbereitende Handlungen stellen auch z. B. die §§ 86, 151 St.G.B. dar; häufig fallen solche unter den öfter auftauchenden Begriff des Unternehmens (z. B. § 159 St.G.B.).

Die Strafdrohung des § 201 ist der des § 205 subsidiär, da Herausforderung und Annahme notwendige Vorbereitungshandlungen des Zweikampfes sind. Hat also ein Zweikampf wirklich stattgefunden, so kann nicht auch in Idealkonkurrenz aus § 201, sondern lediglich aus § 205 gestraft werden. Wenn dagegen *Binding* (Handb. I § 76) glaubt, auch die Strafe für das Kartelltragen (§ 203) sei der für die Anstiftung zum Zweikampf (§ 210) subsidiär, sofern Anreizer und Kartellträger zusammenfallen, so können wir uns nicht auf gleichen Standpunkt stellen. Solchen Falles wäre vielmehr Idealkonkurrenz gegeben.

Wie die Strafdrohung gegen Versuch gegenüber

derjenigen gegen die vollendete That subsidiär ist, so ist auch da, wo eine Vorbereitungshandlung durch positive Ausnahmevorschrift für strafbar erklärt ist, diese Strafdrohung gegenüber der für Versuch subsidiär. Wer also wegen Versuches eines Verbrechens bestraft wird, kann nicht ausserdem noch wegen Vorbereitung desselben Verbrechens bestraft werden. Voraussetzung ist allerdings, dass die Versuchshandlung eine Fortführung der Vorbereitungshandlung und nicht eine neue mit letzterer in keinem inneren Zusammenhange stehende That ist (cfr. R.G.E. 19 S. 13).

B) Die die Anstiftung und die Beihilfe betreffenden Strafdrohungen sind den gegen die Hauptthat selbst gerichteten subsidiär. Diese logische Konsequenz zu ziehen ist aber eigentlich schon um deswillen überflüssig, weil Anstiftung und Beihilfe nach der ausdrücklichen Bestimmung der §§ 48 und 49 St.G.B. nur zu der That eines anderen in Betracht kommen (cfr. R.G.E. 26 S. 198; 10 S. 406).

Interessanter wird die Frage, wenn nicht der Thäter den Mitthäter angestiftet oder ihm Beihilfe geleistet hat, sondern wenn er den Gehilfen zur Hilfeleistung bestimmt oder diesem Beihilfe gewährt hat. Die Praxis ist darüber einig, dass auch in solchen Fällen die Regel von der Subsidiarität der die Teilnahmehandlungen mit Strafe bedrohenden Gesetze gegenüber den gegen die Hauptthat gerichteten keine Einbusse erleidet (R.G.E. 27 S. 273).

Was das Zusammentreffen von Anstiftung und Beihilfe betrifft, so hält *Olshausen* (§ 73 A. 18b) in Uebereinstimmung mit R.G. R. 8 S. 303 dafür, dass solchen Falles Idealkonkurrenz gegeben sei. Das scheint mir inkonsequent angesichts des Satzes von der Subsidiarität der Teilnahmehandlungen unter Strafe stellenden Gesetze gegenüber den gegen die Hauptthat gerichteten, den er voll anerkennt (§ 73 A. 13, b, 2). So wenig der Mitthäter zugleich als Thäter und als Gehilfe des anderen Thäters bestraft werden kann, so wenig kommt bei dem Anstifter eine Beihilfe, welche er bei der Ausführung gewährt hat, noch als besonders strafbare Handlung neben der Anstiftung in Betracht. Ebenso wie der Thäter begeht auch der Teilnehmer nur eine strafbare Handlung, wenn er auch mehrere Ursachen zu demselben Erfolge setzt (cfr. R.G.E. II S. 145).

In gleichem Verhältnis wie die Beihilfe steht auch die Begünstigung zur Anstiftung, sofern diese beiden Thätigkeitsakte zusammentreffen, die Begünstigung also vor der That zugesagt war. War allerdings die vorhergegebene Zusage nicht bestimmend zur That gewesen, also keine Anstiftung, so kommt entsprechend § 257 Abs 3 St.G.B. die Strafdrohung des § 49 zur Anwendung (cfr. R.G.E. 16 S. 374).

C) *Hälschner* (Lehrb. II S. 81), *Binding* (Handb. I S. 358), *Habermaas* (S. 47) und *Frank* (§ 73 VII 2b) stellen den Satz auf, dass das Gesetz, welches die Gefährdung eines Objektes mit Strafe bedroht, subsidiär sei gegenüber demjenigen, welches die Verletzung desselben pönalisiert. *Schütze* (S. 394) und *Meyer* (I S. 484) stimmen dem nicht vorbehaltlos zu.

Neuerdings scheint mir das Reichsgericht in seinem Urteil vom 27. April 1894 (E. 25 S. 321), wenigstens bezüglich vorsätzlicher Handlungen, das Richtige getroffen zu haben. Es kommt hienach bei Entscheidung gegenwärtiger Frage auf den dolus des Thäters an. Hat derselbe lediglich den Vorsatz das betreffende Rechtsgut zu verletzen, so wird er auch lediglich aus dem die Verletzung bedrohenden Gesetz bestraft. Die für den Fall einer Gefährdung des Objektes angedrohte Strafe bleibt unter solchen Umständen aus Gründen der Logik ausser Betracht. Hat jedoch der Thäter neben dem Verletzungsvorsatz auch den Vorsatz, falls die Verletzung misslingen sollte, doch das bezügliche Rechtsgut zu gefährden, so ist der faktische Thatbestand keineswegs durch den gesetzlichen, die Verletzung mit Strafe bedrohenden Thatbestand gedeckt; vielmehr ist unter solcher Voraussetzung auch das Gefährdungsverbot verletzt, so dass Idealkonkurrenz gegeben ist.

Von diesem speziellen Gefährdungsdolus abgesehen, ist die im § 221 St.G.B. wegen Aussetzung angedrohte Strafe subsidiär gegenüber den Strafen, welche bei vorsätzlicher Vernichtung des menschlichen Lebens (§§ 211, 217 St.G.B.) zur Anwendung kommen. Wer eine hilflose Person vorsätzlich und mit Ueberlegung durch Aussetzung — d. i. durch Verbringen aus dem bisherigen Zustand in einen anderen, hilflosen — tötet, wird nicht aus § 221, sondern lediglich aus § 211 bestraft.

Dagegen halte ich eine Gesetzeskonkurrenz zwischen vorsätzlicher Körperverletzung und Aussetzung deshalb nicht für denkbar, weil letzteres stets eine Lebensgefährdung enthält.

Auch zwischen Vergiftung und den Tötungsdelikten ist Gesetzeskonkurrenz begrifflich unmöglich. Der dolus beider Verbrechen schliesst sich aus.

Dagegen stehen offenbar § 124 und § 125 St.G.B. derartig im Verhältnis der Subsidiarität zu einander, dass § 124 bei blosser Gefährdung nur dann Anwendung finden will, wenn der Fall einer Verletzung, also der weitergehende Strafanspruch, ausgeschlossen ist.

Das Reichsgericht (E. 15 S. 147) erkennt im § 290 St.G.B. ein dem § 246 subsidiäres Gesetz. Danach ist die Ingebrauchnahme einer fremden Sache gegenüber der Aneignung das mindere und infolge dessen absorbiert der durch die Aneignung zur Erscheinung kommende

Verbrauch einer Sache vollständig den blossen Gebrauch derselben. Der Gebrauch soll, als in der Aneignung mitenthalten, strafrechtlich jede Bedeutung verlieren. So richtig mir dieser Schluss scheint, so kann ich doch eine Gesetzeskonkurrenz zwischen Unterschlagung und § 290 deshalb nicht statuieren, weil § 246 St.G.B. das in § 290 betonte subjektive Moment — Subjekt muss diesen Falls ein öffentlicher Pfandleiher sein — nicht kennt.

Wird durch eine der in den §§ 366 Nr. 2, 6, 7, 368 Nr. 7 pönalisierten Handlungen ein Mensch getötet oder verletzt, so nimmt *Wächter* (Vorlesungen S. 201) und *Binding* (Handb. I S. 360) nur Tötung oder Körperverletzung an. Das Reichsgericht hält solchen Falls Idealkonkurrenz für gegeben (cfr. R.G. R. 5 S. 604; E. 8 S. 315).

Man kann auch in der That bei derartigem Zusammentreffen nicht von Gesetzeskonkurrenz zwischen Gefährdungs- und Verletzungsverboten sprechen. Verbote, wie sie im 29. Abschnitt des St.G.B. statuiert sind, richten sich nicht gegen die Gefährdung eines einzelnen, sondern stellen die Gefährdung, unbestimmt welcher Menschen, unter Strafe. Wie unhaltbar wäre übrigens die Konsequenz, welche sich notwendig aus der Annahme von Subsidiarität angeführter Gesetzesbestimmungen gegenüber den Bestimmungen über Körperverletzung ergeben würde! Wenn eine Verletzung nicht einträte, könnte stets von amtswegen verfolgt werden, während beim Vorhandensein einer solchen eventuell der Antrag abgewartet werden müsste.

In gleicher Weise nehme ich bei einem Zusammentreffen des § 330 St.G.B. mit den Körperverletzung bezw. Tötung mit Strafe bedrohenden Gesetzen Idealkonkurrenz an.

D) Die gemeine Meinung erkennt auch eine Gesetzeskonkurrenz zwischen der Teilnahme an einem der in § 139 St.G.B. aufgezählten Verbrechen und der Nichtanzeige eben dieser Delikte. Die durch die Verletzung der Pflicht sich an einem Verbrechen nicht zu beteiligen verwirkte Strafe schliesst die für Verletzung der Pflicht zur Verhinderung eines Verbrechens mitzuwirken ein, die Anzeige gebietende Norm sei also der die That verbietenden subsidiär.

Weit entfernt zu behaupten, der Teilnehmer müsse auch aus § 139 St.G.B. bestraft werden, so ist der Grund eben dafür meines Ermessens doch nicht in dem Vorliegen einer Gesetzeskonkurrenz zu suchen. Ich glaube vielmehr, dass ein Beteiligter um deswillen § 139 nicht verletzen kann, weil der Gesetzgeber durch diese Bestimmung eine Pflicht zur Selbstanzeige überhaupt nicht statuieren wollte. § 139 bedroht nur denjenigen mit Strafe, für den die That, von der Anzeige zu erstatten er unterlassen hat, eine fremde ist.

III. Abschnitt.

Konsumtion einer Strafdrohung durch die andere.

Sehr häufig ereignet sich der Fall, dass ein Strafgesetz Thatbestand und Strafdrohung eines anderen mehr oder minder verborgen in sich aufnimmt und dieses dann ausser Anwendung stellt, ohne dass das Verhältnis einer lex specialis zur lex generalis vorläge. Besonders häufig sind es die Thatbestände der Körperverletzung, Beleidigung, Nötigung und Sachbeschädigung, welche dergestalt in anderen Thatbeständen wiederkehren.

1. Körperverletzung und Tötung.

Wer durch den Zweikampf die Gesundheit seines Gegners beschädigt, macht sich nicht gleichzeitig auch einer Körperverletzung schuldig; er wird nur gemäss der Strafdrohung des § 205 bestraft. Die Körperverletzung ist als wesentliches Merkmal des Thatbestandes des § 205 konsumiert.

Ebenso verletzt derjenige, welcher seinen Gegner im Zweikampf tötet, kein allgemeines Tötungsverbot, sondern lediglich den dieses aufzehrenden § 206 St.G.B.

Der Mord und der Versuch des Mordes an Kaiser und Landesherr wird nicht nach § 211, sondern nach § 80 St.G.B. gestraft, der Mord oder Totschlag jedes anderen Bundesfürsten — sofern nicht § 80 eingreift — nach § 81 Ziff. 1. Aus letzterer Annahme ergibt sich die allerdings wenig befriedigende Konsequenz, dass der Mord eines Bundesfürsten minder strafbar sein kann als der eines anderen Menschen.

Die Strafdrohung des § 222 Abs. 1 bezw. des § 230 Abs. 1 St.G.B. ist konsumiert durch alle jene geschärften Strafdrohungen, welche Platz greifen sollen, weil ein Verbrechen den Tod eines Menschen oder die Körperverletzung eines solchen „verursacht hat".

Bezüglich des Todes kommen hier namentlich in Betracht: St.G.B. §§ 178; 220 Abs. 2; 221 Abs. 3 Satz 2; 226; 229 Abs. 2; 239 Abs. 3; 251; 307 Ziff. 1; 309 letzter Teil; 312 Satz 2; 314 letzter Teil; 315 Abs. 2 Satz 2; 321 Abs. 2 Satz 2; 322 Abs. 2 Satz 2; 323 Satz 2; 324 letzter Teil; 326 letzter Teil. Ob die Handlung, durch welche der Tod eines Menschen verursacht wurde, vorsätzlich oder fahrlässig begangen wurde, scheint mir bezüglich sich ergebender Gesetzeskonkurrenz mit § 222 Abs. 1 einen Unterschied deshalb nicht zu begründen, weil in beiden Fällen eben die verursachte Tötung eine fahrlässige ist. In gleicher Weise finden wir übrigens das Vergehen der fahrlässigen Tötung konsumiert durch die Strohdrohung des Nahrungsmittelgesetzes vom 14. Mai 1879 §§ 12 Abs. 2; 13 letzter Teil; 14 letzter Teil.

Die Strafdrohung des § 230 Abs. 1 für fahrlässige

Körperverletzung ist nicht verwirkt in den Fällen des St.G.B. §§ 118; 221 Abs. 3 Satz 1; 229 Abs. 2 Satz 1; 239 Abs. 2; 251; 315 Abs. 2 Satz 1; 321 Abs. 2 Satz 1; 327 Abs. 2; Nahrungsmittelgesetz §§ 12 Abs. 2; 13; 14.

Schliesslich ist darauf hinzuweisen, dass der Tötungsvorsatz denjenigen der Körperverletzung notwendig einschliesst, da eine Tötung anders als durch Gesundheitsbeschädigung undenkbar ist. Alle Körperverletzungen behufs Tötung fallen deshalb allein unter das Tötungsverbot.

2. Nötigung.

Wer seinem Opfer vorsätzlich mit Gewalt den Tod aufgezwungen oder seine Gesundheit beschädigt hat, wird nicht wegen Mordes bezw. Totschlages event. Körperverletzung in Idealkonkurrenz mit Nötigung verurteilt. Der Gesetzgeber hat die Strafe der Gewalt in die für Tötung und Körperverletzung eingeschlossen.

Die Strafdrohung des § 240 ist des ferneren konsumiert durch diejenige der §§ 105, 106, 107, 113, 114, 116 Abs. 2, 117, 122 St.G.B. — Wer durch eine Thätlichkeit jemand an der Ausübung des Gottesdienstes einer im Staate bestehenden Religionsgesellschaft hindert, verletzt nicht § 240, sondern lediglich § 167 St.G.B.

Wer mit Gewalt unzüchtige Handlungen an einer Frauensperson vornimmt oder eine solche zur Duldung des ausserehelichen Beischlafes nötigt, wird nur aus § 176 Ziff. 1 bezw. § 177 Satz 1 bestraft (cfr. R.G.E. 24 S. 187).

Auch im Thatbestande der §§ 234, 235, 236, 239, 249, 250, 251, 252, 253, 254, 255 St.G.B. ist derjenige des § 240 enthalten. — Ebenso scheint mir der Fall einer idealen Konkurrenz zwischen § 339 und § 240 St.G.B. undenkbar. Jeder Missbrauch einer „Amtsgewalt" stellt ein widerrechtliches Zwangsmittel dar, so dass der Thatbestand des § 339 von dem des § 240, abgesehen von eben diesem speziellen Gewalt- bezw. Bedrohungsmittel, nur dadurch differiert, dass er nur von „Beamten“ erfüllt werden kann.

Auch die Strafdrohung des § 343 konsumiert diejenige des § 240 St.G.B. Der Untersuchungsbeamte nötigt solchen Falles den Betreffenden widerrechtlich mit Gewalt zu einer Duldung.

Ein Schiffsmann, welcher es unternimmt einen Vorgesetzten durch Gewalt zur Vornahme oder zur Unterlassung einer dienstlichen Verrichtung zu nötigen oder demselben durch Gewalt Widerstand zu leisten, vergeht sich lediglich gegen § 89 bezw. § 90 Seemanns-Ordnung vom 27. Dezember 1872.

3. Beleidigung.

Thatbestand und Strafdrohung der §§ 186 und 187 St.G.B. konsumieren diejenigen des § 185. Es richten sich nämlich auch die Beleidigungen aus §§ 186, 187 gegen die „Ehre“ und die in dem Behaupten und Verbreiten ehrenrühriger etc. Thatsachen liegende Beleidigung nimmt offenbar die einfache Beleidigung im Sinne des § 185 in sich auf.

Binding (I S. 365) nennt mit Recht als Beispiel für die Fälle, in denen der Thatbestand der nichtthätlichen Beleidigung durch andere Thatbestände verschlungen wird, die Aufforderung eines rechtlichen Mannes zur Begehung einer strafbaren Handlung, so dass die Beleidigung konsumiert wird durch die Strafdrohungen der §§ 49a, 85, 110, 111 Abs. 2, 112, 159 St.G.B.

Stets enthält der Thatbestand einer falschen Anschuldigung eine Verleumdung, infolge dessen durch Anwendung des § 164 Abs. 1 St.G.B. eine solche des § 187 Abs. 1 ausgeschlossen wird. Das odium der Begehung einer strafbaren Handlung bezw. der Verletzung einer Amtspflicht scheint mir im Gegensatz zu *Oppenhoff* (§ 164 Nr. 20) stets dazu angethan, den also Verdächtigen in der öffentlichen Meinung herabzuwürdigen.

Eine Beleidigung des Kaisers, des Landesherrn, eines anderen Bundesfürsten oder eines Mitgliedes des landesherrlichen Hauses des eigenen bezw. des Aufenthaltsstaates verwirkt nicht die gewöhnliche Strafdrohung der Beleidigung, sondern diejenige des § 95 bezw. § 97 bezw. § 99, bezw. § 101 St.G.B.

Das Reichsgericht hat im Urteil vom 16. April 1889 (E. 19 S. 250) ausgeführt, dass die gegen § 179 St.G.B. verstossende Handlung stets eine Beleidigung der zur Gestattung des Beischlafes Verleiteten enthalte. Vom gleichen Prinzipe ausgehend, könnte man für die meisten Fälle von Körperverletzung und gewaltsamer Unzucht Gesetzeskonkurrenz mit Beleidigung statuieren. Das Reichsgericht scheint mir mit Recht im Urteil vom 2. Juni 1893 (E. 24 S. 201) seine frühere Ansicht widerrufen zu haben. Es kann nämlich sehr wohl jemand das Delikt aus § 179 begehen, ohne den Vorsatz der Beleidigung zu haben.

4. Sachbeschädigung.

Die Strafdrohung des § 243 Ziff. 2 konsumiert sowohl diejenige des § 123 als auch die des § 303 St.G.B. (cfr. R.G. R. 3 S. 251).

Zu einem gegenteiligen Ergebnis in letzterer Beziehung ist das Reichsgericht in seinem Urteil vom 29. Okt. 1886 (E. 15 S. 12) gelangt, woselbst es eine Substanzverletzung als zum „Einbruch" nicht nötig annahm.

Desgleichen kann eine Strafe wegen Sachbeschädigung nicht zur Anwendung kommen in den Fällen der §§ 125, 133, 134, 135, 137, 168, 274 Ziff. 1 und 2, 315, 321, 322, 323, 348 Abs. 2 St.G.B.

Dagegen scheint mir der Thatbestand der Sachbeschädigung in dem der Brandstiftung nicht unbedingt aufzugehen, so dass eine Idealkonkurrenz dieser beiden Delikte sehr wohl denkbar wäre.

Das Reichsgericht hat sich schon des öfteren mit der Frage beschäftigt, ob eine Bestrafung wegen Sachbeschädigung ausgeschlossen sei, wenn jemand einen verschlossenen Brief, der nicht zu seiner Kenntnisnahme bestimmt ist, vorsätzlich und unbefugt eröffnet und denselben gelegentlich dieser Prozedur beschädigt, jedenfalls also die Strafdrohung des § 299 St.G.B. verwirkt ist. Mit Recht nimmt das höchste Gericht in neuerer Zeit an, dass der Thatbestand des § 299 auch ohne substanzielle Verletzung des Verschlusses des bezüglichen Briefes bezw. der Urkunde erfüllt werden könne, infolge dessen das Vorhandensein einer Gesetzeskonkonkurrenz zwischen §§ 299 und 303 geleugnet wird.

5. Diebstahl.

Der Raub aus § 249 ff. sowie der räuberische Diebstahl aus § 252 St.G.B. schliesst die Thatbestandsmerkmale des Diebstahls ein und fügt nur diesen Thatbestandsmerkmalen das Requisit der Gewalt gegen die Person hinzu. Im Falle einer Bestrafung aus § 249 bezw. § 252 hat demgemäss der Diebstahl aufgehört noch eine selbständige strafrechtliche Bedeutung zu besitzen, er geht vielmehr in den ersteren Delikten unter (cfr. R.G.E. 6 S. 241).

Anders wird allerdings das Verhältnis, sobald die Merkmale eines schweren Diebstahles (§ 243) neben denen des Raubes bezw. des räuberischen Diebstahles vorliegen. Unter solchen Umständen wäre Idealkonkurrenz anzunehmen.

6. Betrug und Urkundenfälschung.

Schütze (S. 304) und *Oppenhoff* (§ 148 A. 5) halten dafür, dass die Strafe des Betruges durch jene des § 148 ausgeschlossen werde. Mir scheint diese Ansicht um deswillen nicht richtig, weil der Thatbestand des § 148, wenn auch ein Inverkehrbringen des verfälschten Geldes, so doch keine dadurch verursachte Vermögensbeschädigung des Getäuschten oder eines Dritten unbedingt erfordert.

Ebensowenig besteht auch Gesetzeskonkurrenz zwischen den §§ 146 und 147 einerseits und § 267 andrerseits. § 146 verlangt keineswegs eine Verwirklichung der erforderlichen Absicht durch ein Gebrauchen, während bei § 267 ein Gebrauchmachen zum Zwecke der Täuschung notwendig ist. § 147 vermag den § 267 zum mindesten schon um deswillen nicht auszuschliessen, weil „Papiergeld" überhaupt keine „Urkunde" im Sinne des § 267 ist.

Dagegen ist anzunehmen, dass die §§ 147 und 148 St.G.B. in Verbindung mit § 149 den § 267 bezw. § 270 ausschliessen, weil die in § 149 bezeichneten Geldpapiere „Urkunden" sind.

7. Begünstigung.

Eine Bestrafung aus §§ 120, 121 St.G.B. schliesst eine eben solche aus § 257 Abs. 1 deshalb nicht aus, weil erstere Vergehen nicht notwendig die vorherige Begehung eines Verbrechens oder Vergehens durch den Gefangenen voraussetzen, vielmehr auch dann Platz greifen, wenn ihm nachweisbar eine Strafthat nicht zur Last gelegt werden kann. In derselben Erwägung leugne ich die Möglichkeit einer Gesetzeskonkurrenz zwischen §§ 257 und 336, gebe eine solche jedoch bezüglich der §§ 257 und 346 zu. Denn der Thatbestand des § 346 St.G.B. setzt eine strafbare Handlung und eine Begünstigung des Verbrechensthäters voraus.

8. Einsperrung.

Eine Freiheitsentziehung auf kürzere oder längere Zeit im Sinne des § 239 St G.B. tritt bei manchen eine Vergewaltigung der angegriffenen Person enthaltenden Delikten ein, so namentlich bei den Verbrechen aus § 176 Ziff. 1 und § 177, sowie beim Raube und der Erpressung. Diese Gesetze konsumieren deshalb die Strafdrohung des § 239. In gleichem Verhältnis steht auch § 345 Abs. 1 St.G.B. zu § 239.

9. Gewerbs- und gewohnheitsmässiges Verbrechen.

Ein Kollektivdelikt konsumiert alle an sich strafbaren Einzelhandlungen, soweit dieselben bei der Aburteilung jenes prozessual überhaupt berücksichtigt werden dürften. Die einzelnen Handlungen, welche die Voraussetzung der Gewerbs- oder Gewohnheitsmässigkeit bilden, schmelzen zu einem Verbrechen zusammen. Ist daher in dem Eröffnungsbeschluss ein gewerbs- oder gewohnheitsmässiges Delikt als Gegenstand der Anklage bezeichnet, so unterliegen der ganze angegebene Zeitraum und alle in denselben fallenden Einzelhandlungen der richterlichen Prüfung und die ergehende Entscheidung konsumiert sämtliche bis zum Urteile vorgekommenen Einzelfälle, ohne Rücksicht auf den Ort, an welchem sie begangen wurden. Ihre erneute strafrechtliche Verfolgung ist ausgeschlossen selbst dann, wenn sie aus irgend einem Grunde bei jener Entscheidung nicht berücksichtigt wurden oder nicht berücksichtigt werden konnten.

In solcher Weise werden an sich strafbare Einzelhandlungen konsumiert durch die Strafdrohung der §§ 260, 294, 302d St.G.B. (cfr. R.G. R. 8 S. 135; E. 4 S. 391; 8 S. 16; 24 S. 243).

Anhang.

Binding (I S. 349 ff.) hat eine grosse Reihe von Fällen, die sonst allgemein als solche der Idealkonkurrenz angesehen werden, als solche der Gesetzeskonkurrenz charakterisiert.

Es sind dies Fälle der sogenannten Alternativität der Strafgesetze. Eine solche soll hienach vorliegen, wenn vom Gesetzgeber „genau eine und dieselbe widerrechtliche Handlung unter mehreren kriminellen Gesichtspunkten gesehen und somit zum Thatbestand mehrerer Regelrechtssätze gemacht wird."

Selten liege allerdings das Verhältnis so, dass zweimal genau derselbe Thatbestand in verschiedenen Gesetzen unter Strafe gestellt werde, häufiger so, dass zwei Thatbestände wie zwei einander schneidende Kreise sich verhielten.

Dem ist zu erwidern, dass derartige von *Binding* unter einem gemeinsamen Namen zusammengefasste Fälle in der That nicht selten vorkommen. Allein wir vermögen um deswillen eine Gesetzeskonkurrenz nicht mit ihm zu statuieren, weil die Thatbestände, wenn sie auch in gewisser Hinsicht die nämlichen sind, sich doch nicht in allen Teilen decken bezw. der eine die sämtlichen Merkmale des anderen enthält.

Bei konsequenter Befolgung unseres Prinzipes sind wir gezwungen, in den Fällen der sogen. Alternativität Idealkonkurrenz anzunehmen.

Druck von Josef Deschler, München.

FSC
www.fsc.org
MIX
Papier | Fördert gute Waldnutzung
FSC® C083411

Kolibri 360 GmbH
Ferdinand-Jühlke-Straße 7
99095 Erfurt, Deutschland
produktsicherheit@kolibri360.de